UN MARIAGE

RAISONNABLE,

COMÉDIE EN UN ACTE EN PROSE,

PAR

M. Ancelot.

Représentée pour la première fois sur le Théâtre Français, le Mercredi 4 Novembre 1835.

PARIS.

MARCHANT, LIBRAIRE,

BOULEVART ST.-MARTIN, 12.

—

1835.

<table>
<tr><td>PERSONNAGES.</td><td>ACTEURS.</td></tr>
<tr><td>Le baron de NORMONT.</td><td>MM. Provost.</td></tr>
<tr><td>Le comte ARTHUR DE LA VILLETTE, chef d'escadron, aide-de-camp du ministre de la guerre.</td><td>Menjaud.</td></tr>
<tr><td>M. DE VERPY, oncle de lady Nelmoor.</td><td>Périer.</td></tr>
<tr><td>UN DOMESTIQUE.</td><td>Alexandre.</td></tr>
<tr><td>LADY NELMOOR, jeune veuve.</td><td>Mes Plessis.</td></tr>
<tr><td>EMMA DE MELVILLE, son amie de pension.</td><td>Noblet.</td></tr>
<tr><td>MARIETTE, femme de chambre de lady Nelmoor.</td><td>Thierret.</td></tr>
</table>

La scène se passe à quelques lieues de Paris, dans un château appartenant à lady Nelmoor, en 1835.

Nota. Les personnages sont placés en tête de chaque scène comme ils doivent l'être au théâtre ; le premier occupe la droite de l'acteur. Les changemens de position sont indiqués au bas des pages.

UN MARIAGE

RAISONNABLE,

COMÉDIE EN UN ACTE EN PROSE.

Le théâtre représente un salon, porte au fond, deux portes latérales. Une fenêtre à la droite du spectateur ; à gauche une psyché. Une table. Sur la table, un vase plein de fleurs ; Lady Nelmoor a une robe blanche. Sur la table une grande mantille noire, un chapeau très simple et des gants.

SCÈNE PREMIÈRE.

LADY NELMOOR, *puis* EMMA. *Au lever du rideau, elle est assise la tête appuyée sur sa main et plongée dans la plus profonde rêverie, — Après un instant elle relève la tête, passe la main sur son front, sourit et se lève.*

LADY NELMOOR.

A quoi bon tant réfléchir ? Ne suis-je pas décidée ? Et n'ai-je pas mis tant de raison dans ma conduite, que si le bonheur ne venait pas, ce serait sa faute, et non la mienne ?....

EMMA, *elle s'est arrêtée au fond et a entendu la dernière phrase ; elle est en élégant négligé de voyage.*

Bien certainement.

(Elle s'avance.)

LADY NELMOOR.

Que vois-je ? ma chère Emma !

EMMA.

Oui, moi qui viens te surprendre ici à la campagne. Toute la nuit dernière, j'ai réfléchi.

LADY NELMOOR, *souriant.*

Bah ! toi aussi !

EMMA.

Une fois n'est pas coutume... Tu étais l'objet de mes réflexions ; j'ai pensé qu'il n'était pas naturel que tu quittasses Paris deux jours avant celui où tu dois signer ton contrat de mariage, et dès le matin je me suis mise en route pour apprendre ce qui arrive à ma chère Adine: quoi, partir au moment de te marier ! En vérité tu as l'air d'un soldat qui s'effraie et déserte devant l'ennemi.

LADY NELMOOR.

Rien n'est plus simple que ma conduite.

EMMA.

C'est ce dont je jugerai quand tu me l'auras expliquée.

LADY NELMOOR.

Très volontiers.

EMMA.

Eh bien, permets d'abord que je me dispose à l'entendre. (*Elle ôte son chapeau et son écharpe.*) Maintenant asseyons nous et causons.

LADY NELMOOR.

A l'instant d'épouser M. le baron de Normont, j'ai voulu prendre encore vingt-quatre heures de solitude pour bien penser à tout et méditer à mon aise; tant j'ai peur de faire un mariage qui ne soit pas parfaitement raisonnable.

EMMA.

C'est une belle chose que la raison!... mais en fait de mariage, il y a plus de hazard que de bien joué.

LADY NELMOOR.

Oui, lorsqu'à seize ans nos parens nous marient avec quelqu'un que nous ne pouvons ni connaître ni juger; mais quand à dix-neuf ans, veuve, libre de mon choix, éclairée par les malheurs d'un premier mariage, je me décide à en contracter un second, je ne veux pas risquer de faire une nouvelle folie.

EMMA.

Quoique ton aînée d'un an, et mariée depuis quatre, je commence à prendre pour toi un terrible respect! Sais-tu que j'ai presque peur en songeant que tu vas être unie à M. de Normont.... Vous serez bien le couple le plus épouvantablement raisonnable de tout Paris... Je connais ton futur depuis quelques années... Et mon mari l'a vu dès son enfance; eh bien, il a toujours été aussi calme qu'il l'est à trente-cinq ans! point de folies, point de jeunesse! jamais distrait par le plaisir, jamais entraîné par le caprice! Il n'a point de premier mouvement! Il pense à tout, calcule tout, et il semble qu'il soit venu au monde à soixante ans.

LADY NELMOOR.

Quel bonheur pour moi d'avoir rencontré un semblable caractère! c'était là l'objet de toute mon ambition! avec lui, point de crainte et de jalousie! ce sera toujours la même personne et mon cœur sera toujours paisible.

EMMA.

Je te l'avouerai, ma chère Adine; depuis trois mois que tu es arrivée d'Angleterre, je me donne une peine infinie pour retrouver en toi ma joyeuse compagne d'autrefois. Je sais bien qu'il s'est passé plusieurs années; que tu as été mariée, que tu es veuve, et que ce sont là de ces événemens qui changent bien un peu les idées! mais enfin, je n'ai jamais vu par exemple que cela donnât l'envie de paraître laide.

LADY NELMOOR, *souriant.*

Voilà un grand crime, n'est-ce pas?

EMMA.

Il faut être bien généreuse pour te le reprocher, et je suis peut-être la seule femme qui ne soit pas enchantée de te voir constamment, depuis ton retour, affublée de cette grande et vilaine mantille noire qui cache entièrement ta jolie taille ; ensevelie sous ce chapeau qui ne laisse voir ni tes beaux cheveux, ni ton frais visage ! car aujourd'hui seulement et pour la première fois depuis que tu es à Paris, tu as figure humaine. Toujours enveloppée de cette horrible toilette on ne s'aperçoit pas que tu es charmante; et vraiment il n'y a que M. de Normont qui ait pu songer à faire sa femme d'une personne aussi...

LADY NELMOOR.

Allons tranche le mot! aussi disgracieuse ! eh bien, j'ai donc réussi ! Il m'a choisie pour sa compagne en me croyant dénuée de tous les agrémens.

EMMA.

Explique-moi cela un peu plus clairement, je te prie. Nous sommes seules c'est l'instant ou jamais de me faire tes confidences.

LADY NELMOOR.

Te souviens-tu du jour où ta mère vint te chercher à la pension, et où tu me laissas si désolée de ton absence, moi pauvre orpheline, qui ne voyais d'autre terme à ma captivité que le mariage?

EMMA.

Oui, sans doute ; mais j'appris bientôt que M. de Verpy, ton oncle et ton tuteur, t'avait confiée à une anglaise, une ancienne amie de ta mère. Tu la suivis à Londres.

LADY NELMOOR.

Mon tuteur, qui a pris des années sans vieillir, crut faire merveille en me remettant à lady Nelmoor, parce qu'elle était l'arbitre du bon goût et de l'élégance de la société anglaise : sa réputation de femme à la mode durait depuis vingt ans.

EMMA.

Nous serions bien heureux en France si celle de nos hommes célèbres en durait autant! Nos voisins ont du bon.

LADY NELMOOR.

Grâce à ses conseils, je parus dans le monde avec éclat. Dans ce pays les jeunes filles sont comptées pour quelque chose, elles parlent, agissent, plaisent et choisissent; elles sont élégantes, coquettes...

EMMA.

Il paraît que c'est comme ici les femmes mariées! Nos voisins ont beaucoup de bon! Chez eux, point de temps perdu.

LADY NELMOOR.

Je fus bientôt l'objet de l'attention générale; les dandys les plus à la mode m'entourèrent; parmi eux le neveu et l'héritier de lady Nelmoor se faisait remarquer, c'était le plus joli homme de Londres, je l'aimai il m'adora.... et je devins lady Nelmoor.

(Elles se lèvent.)

EMMA.

Voilà un malheur avec lequel bien des femmes se trouveraient fort heureuses!

LADY NELMOOR.

Les fêtes commencèrent alors, pour ne plus cesser; pendant un an toutes les têtes folles de l'Angleterre furent pénétrées d'admiration; nos chevaux, nos équipages, le train de notre maison, le luxe de nos raouts firent parler tous les désœuvrés et excitèrent l'envie de tous les étourdis! le fait est que nous étions si occupés de ces soins importans qu'au bout d'une année nous n'avions pas eu le temps de faire connaissance. Je savais que lord Nelmoor conduisait merveilleusement un tilbury, qu'il franchissait à cheval des fossés profonds, que ses habits étaient les plus admirablement coupés des trois royaumes. Il savait que le monde me trouvait jolie, qu'on admirait ma toilette, que je faisais à son gré les honneurs de sa maison! mais, nous n'avions jamais eu une demi-heure d'entretien intime; mais de l'esprit, des idées, du caractère de l'un et de l'autre, pas un mot!... et nous aurions pu passer toute notre vie de la même façon, sans en savoir davantage!

EMMA.

C'est le moyen de ne pas se lasser l'un de l'autre.

LADY NELMOOR.

Sans quelques petites scènes de jalousie et le nom de Lady Nelmoor que je portais, j'aurais oublié que j'étais mariée.

EMMA.

Il y a tant de gens qui sont fâchés de s'en souvenir.

LADY NELMOOR.

Au milieu de ce fol enivrement, Lord Nelmoor me fut enlevé. A la suite d'une perte considérable au jeu, une violente dispute amena un duel, et il fut tué.

EMMA *lui tendant la main.*

Pauvre amie.

LADY NELMOOR *serrant sa main affectueusement.*

Pour bien connaître le monde et apprécier l'amitié, il faut avoir été malheureux. Lord Nelmoor laissait une fortune en désordre; ceux qui l'avaient aidé à la manger, ne prirent pas sur leurs amusemens un instant pour pleurer sa perte! et moi, quand je fus triste, malade, vivant avec économie dans la retraite, je n'eus pas une compagne pour mes chagrins! J'en

avais eu pourtant un si grand nombre pour mes plaisirs ! Je
compris alors qu'il n'y a de relations durables, d'attachemens
sincères que quand ils sont fondés sur des qualités et des vertus!
J'ai bien réfléchi pendant deux années de veuvage passées à la
campagne.

EMMA.

Je le crois bien ! là , toute seule, tu ne savais que faire.

LADY NELMOOR.

Et je pris la résolution de revenir en France ! On ne me con-
naissait point à Paris. Je ne voulus pas m'y faire connaitre par
ces agrémens frivoles qui m'ont si peu servi. Je parus sans toilette , je ne cherchai point à me montrer aimable ; j'annonçai
une fortune si médiocre qu'elle ne peut tenter ceux qui pensent
à spéculer sur les avantages d'un mariage; et encore, mon projet
est-il, avant d'épouser M. de Normont, d'essayer l'effet que pro-
duira sur lui la nouvelle que je ne possède plus rien au monde.
Tu vois, ma chère, que je me suis dépouillée de tous les moyens
de succès ; simple et sérieuse je n'ai pas eu d'adorateurs ; mais
j'espère avoir trouvé un ami ! c'est tout ce qu'il faut !

EMMA.

Tu auras beau dire, cela ressemble à de la fausseté. Depuis
trois mois que tu es en France, tu t'es rendue laide , à faire
plaisir à toutes les autres femmes.

LADY NELMOOR.

Aussi, ma chère Emma, je vais faire ce que j'avais résolu , un
mariage raisonnable.

EMMA , *riant*.

Voilà qui est superbe ! tu parles comme un livre, et tu agis
comme un sage ! Il n'y a au monde que M. de Normont digne
de tant de raison ! Lui qui ne dit et qui ne fait que ce qui est
parfaitement convenable !

SCÈNE II.

MARIETTE, LADY NELMOOR, EMMA.

MARIETTE. *Elle arrive en courant, et s'arrête en voyant Emma.*

Madame ?

EMMA.

Eh ! bien, que veut donc Mariette ?

MARIETTE.

Quelqu'un à cheval entre dans l'avenue.

* Mariette, Lady Nelmoor, Emma.

EMMA.

Ah! ce ne peut être que ton futur!

LADY NELMOOR.

M. de Norment? Il ignore que je suis ici.

EMMA.

Mais non , c'est qu'il ne l'ignore pas.

LADY NELMOOR.

Comment ?

EMMA.

Il était si inquiet d'apprendre où tu étais.....

LADY NELMOOR.

Que tu le lui as dit.

EMMA.

Je crois qu'oui.

LADY NELMOOR.

Et tu penses qu'il viendra ?

EMMA.

J'ai peur de le lui avoir conseillé.

LADY NELMOOR.

Mais c'est une trahison!

EMMA.

Que tu me pardonneras !

LADY NELMOOR.

Il le faut bien.

EMMA.

Et j'espère que tu ne refuseras pas la porte à ton futur?

LADY NELMOOR.

Le moyen ? Allons , recevons-le ! mais aide moi d'abord à reprendre mon costume ordinaire. (*Elle prend la mantille de taffetas noir*).

EMMA.

Laisse-moi faire ! Et vous Mariette, allez pour qu'il ne nous surprenne pas. (*Mariette sort*).

LADY NELMOOR, *riant pendant qu'Emma l'aide à placer sa mantille.*

Il doit penser, j'en suis sûre, que j'ai au moins la taille de travers , tant je prends soin de la cacher.

EMMA , *lui donnant son chapeau.*

Tiens , ton affreux chapeau qui te donne dix années de plus.

LADY NELMOOR , *riant en mettant ses gants.*

Il doit me supposer des mains affreuses.

EMMA *arrangeant le bonnet qui est sous le chapeau.*

Attends, cette dentelle ne tombe pas assez bas, elle laisse encore voir un peu de tes cheveux.

LADY NELMOOR *se regardant au miroir.*

Oh! mais tu me rends horrible !

EMMA.

C'est par amitié. Tu m'as convertie à tes principes.

LADY NELMOOR *souriant.*

T'en serviras-tu pour ton usage ?

EMMA.

Je ne suis pas encore assez parfaite pour cela ! Et puis, vois-tu, ma chère Adine, pour se faire aimer avant le mariage, on peut avoir du superflu en fait de beauté ; mais après, on n'a rien de trop... (*Elle examine Lady Nelmoor de tous côtés*) Que dira M. de Normont qui t'a toujours vue ainsi, et qui croit n'épouser qu'une femme respectable, quand il trouvera une jolie femme ? Il est capable de se plaindre de ce que la mariée est trop belle.

LADY NELMOOR *riant.*

Oh ! alors, je serai sa femme et il ne s'apercevra peut-être pas si je suis jolie.

EMMA.

C'est possible ! d'ailleurs, avec un homme si raisonnable, la beauté.... ce sera du bien perdu.

LADY NELMOOR *soupirant.*

Ah !...

EMMA.

Voilà un soupir qui n'est pas du même avis que tes paroles de tout à l'heure.

LADY NELMOOR *avec un peu d'impatience.*

Ecoute, Emma ! autrefois à la pension, tu passais pour la plus contrariante et la plus moqueuse de nos compagnes : est-ce que ce serait encore comme autrefois ?

EMMA.

Par exemple ! est-ce que toi, autrefois, tu n'étais pas étourdie, coquette ? Et à présent, Dieu merci, tu as de la sagesse plus qu'il n'en faut à une femme pour son usage ! Cela m'effraie, j'ai peur qu'il n'arrive quelque malheur.

LADY NELMOOR *riant.*

Et que veux-tu qu'il arrive, folle ?

EMMA.

Cela n'est pas naturel ! car enfin les autres femmes me trouvent déjà prude et sévère moi, parceque je n'ai envie de plaire qu'à mon mari ! Ce qui n'empêche pas pourtant que je sois bien aise quand les autres me trouvent aimable et jolie.

LADY NELMOOR.

Ah ! ah ! mais c'est de la coquetterie, cela !

EMMA.

Allons donc ! il faut bien se distraire un peu, surtout lorsqu'on a un mari officier, qui passe la moitié de l'année à son régiment et qui ne vous aime que par semestre.

LADY NELMOOR.

Eh bien ! cela n'est pas prudent ! On est sage... c'est vrai, mais il vaut encore mieux fuir le danger.

EMMA.

C'est aussi ce que je fais... quand il peut y avoir du danger. L'hiver dernier, par exemple, j'ai consigné à ma porte un jeune fou, un de nos hommes à la mode, qui me suivait partout et faisait mille extravagances ! Ah ! j'ai été d'une sévérité !... D'autant plus que ces mauvais sujets ont toujours un je ne sais quoi !...

LADY NELMOOR.

Quelle horreur ! peux-tu bien dire cela ?

EMMA.

Que veux-tu, c'est que c'est vrai ! Ils réussissent souvent à plaire aux femmes les plus raisonnables, et l'emportent sur les hommes les plus sensés.

LADY NELMOOR.

Tu as vraiment des idées !... Pour moi, ma chère amie, on m'en avait présenté un de ce genre là, dès les premiers jours de mon arrivée à Paris; on avait imaginé un projet de mariage... Ah ! si tu savais comme je l'ai traité...

EMMA.

Moi, je n'ai jamais voulu recevoir le mien ! Eh ! bien, je te l'avoue, je crois que j'ai eu tort : il ne faut jamais prendre de résolutions extrêmes.

LADY NELMOOR.

Au contraire ! et je lui ai fait fermer ma porte impitoyablement.

EMMA.

Pourquoi cela ? tu ne risquais rien, toi, puisque tu as les hommes à la mode en horreur, et que tu serais digne de te mettre à la tête d'une croisade contre les étourdis.

LADY NELMOOR.

Encore !

EMMA.

Ne te fâche point ! Mais pourquoi donc M. de Normont n'arrive-t-il pas ? Mariette le retient peut-être.

LADY NELMOOR, *souriant.*

Elle pense sans doute que je ne suis pas prête à le recevoir.

SCÈNE III.

LADY NELMOOR, MARIETTE, EMMA.

EMMA.

Eh bien, cette visite que vous nous aviez annoncée ?...

LADY NELMOOR.

Vous vous étiez donc trompée, Mariette ?

MARIETTE.

Non, madame ! la visite y est.

EMMA.

Où est-elle ?

MARIETTE.

Ici, à côté.

LADY NELMOOR.

Comment?

MARIETTE, *hésitant*.

Mais... je...

LADY NELMOOR.

Achevez !

MARIETTE.

J'ai refusé la porte ; ce n'était pas monsieur de Normont.

LADY NELMOOR.

Qui était-ce donc?

MARIETTE , *soupirant*.

Le plus beau jeune homme.

EMMA ET LADY NELMOOR, *ensemble*.

Ah! Vous avez très bien fait.

EMMA.

Son nom ?

MARIETTE.

Je ne l'ai pas demandé; j'ai vu tout de suite qu'il avait une charmante figure, pas trente ans, et alors... (*elle soupire*) j'ai refusé de le recevoir.

EMMA, *riant*.

C'est donc là ta consigne?... trente ans ! l'âge de rigueur... comme à la chambre des Députés? tu ne veux te laisser donner des lois que par ceux qui sont d'âge à en faire.

LADY NELMOOR, *à Mariette*.

Il est parti tout de suite, sans difficultés ?..

MARIETTE.

Par exemple ! je ne pouvais pas lui faire entendre raison.

LADY NELMOOR.

Mais du moins vous lui avez parlé poliment? vous êtes quelquefois si brusque.

MARIETTE.

Certes je ne lui ai rien dit de désagréable ! J'ai dit que ces dames voulaient être seules, parce que les visites les ennuient. Que lui, particulièrement, ne pouvait pas entrer ; que...

Nelmoor, Mariette, Emma.

EMMA.

Je pense qu'il a dû s'en aller de fort mauvaise humeur.

MARIETTE.

Ah ! bien oui... Il ne s'est pas en allé du tout !....

LADY NELMOOR.

Qu'entends-je ?

MARIETTE.

Puisqu'il est encore là...

LADY NELMOOR.

Retournez donc le congédier.

MARIETTE.

C'est que...

EMMA.

C'est que ?.. quoi ?...

MARIETTE.

Ce monsieur a une manière de trancher les difficultés qui lui est particulière... Il m'a déjà embrassée trois fois.... une pour chaque prétexte.

LADY NELMOOR.

Est-ce possible ?

MARIETTE.

Et gare pour la quatrième.. car, tenez, je l'entends.
(*Une voix en dehors*).
Mademoiselle Mariette !

LADY NELMOOR, *à part.*

Je connais cette voix.

EMMA, *à part.*

Je ne me trompe pas, c'est lui.

SCÈNE IV.

LADY NELMOOR, EMMA, Le comte ARTHUR de la VILLETTE, MARIETTE.

ARTHUR , *avant d'entrer.*

Vous ne plaidez pas ma cause assez vivement, mademoiselle Mariette.... (*Il s'arrête en voyant les deux dames et les salue très gracieusement*).

EMMA.

Monsieur le comte Arthur de la Villette ! (*A part*). C'est bien lui.

LADY NELMOOR, *à part.*

Mon étourdi !...

(*Elle fait signe à Mariette qui sort.*)*

* Lady Nelmoor, Le comte Arthur de La Villette, Emma.

ARTHUR.

Veuillez me pardonner, mesdames, si je viens plaider moi
même et solliciter l'hospitalité. Egaré sur la route...

EMMA.

De Paris à Fontainebleau ! c'est avoir du malheur.

ARTHUR.

Arrivé par hazard à la porte de ce château.....

LADY NELMOOR.

Par hazard? et voulez y entrer de force.

ARTHUR.

Surpris par l'orage qui menace.....

EMMA.

Le temps est superbe ; il ne pleuvra pas de quinze jours.

ARTHUR.

Mon malheureux cheval....

LADY NELMOOR.

Galoppait dit-on, bien lestement dans l'avenue.

ARTHUR.

Enfin... puisque l'on ne se contente pas de ces raisons là, j'en
ai d'autres. (*Il avance des siéges aux dames*). Mais....

LADY NELMOOR, *à part*.

Eh bien ?
(*Arthur a l'air de les supplier de s'asseoir; les deux dames prennent*
place , moitié étonnées , moitié résignées)

EMMA , *souriant à part*.

Allons !

ARTHUR , *debout entre elles d'un air gracieux*.

Dans le monde où nous vivons, mesdames, dans ces élégantes
habitudes qui sont les vôtres, ne voyez-vous pas le plus maussade,
le plus ennuyeux des hommes avoir le droit d'importuner de ses
visites la plus gracieuse et la plus spirituelle des femmes. Et il
n'est pas que vous n'ayez été dans le cas d'exercer votre patience,
à cette rude épreuve. Je n'ai même jamais vu que les ennuyeux
fussent plus mal reçus que les autres. A plus forte raison ne sont-
ils jamais expulsés. Je citerai, pour exemple, mon ami de Normont.

EMMA.

Ah !

ARTHUR.

Je vous jure qu'il n'a jamais été éconduit ; et pourtant, c'est
bien l'ennuyeux le mieux conditionné...

LADY NELMOOR, *sévèrement*.

Monsieur !...

EMMA.

L'homme le plus parfait.

ARTHUR.

C'est ce que je voulais dire ! Il n'a point de défauts et ce sont

nos défauts qui nous amusent et qui amusent les autres. Eh bien :
puisque l'ennui ne fait pas exclure d'une maison un honnête homme,
il faut qu'il y ait quelque chose de bien grave pour motiver une
semblable punition ; alors quand une femme nous bannit, on a le
droit de lui dire : madame, il n'y a ni tribunaux, ni jurys, ni conseils de guerre qui condamnent sans dire pourquoi , et avant de
me résoudre à subir mon jugement, je désire apprendre quel est
mon crime. Veuillez donc me le dire, je vous en prie.

EMMA, *à part.*

Eh ! bien, est-ce qu'il faudra lui avouer qu'on le craignait ?

LADY NELMOOR. *à part.*

Voila une question assez embarrassante.

ARTHUR.

Pourquoi cette sévérité pour moi seul?une femme charmante à
laquelle mon cœur vouait un culte involontaire, m'a banni de sa
présence, mis hors de la loi commune ; quels sont donc mes torts?

LADY NELMOOR, *à part.*

C'est qu'il n'en a pas.

EMMA , *à part.*

J'étais sûre qu'en lui fermant ma porte j'avais fait une sottise.

ATHUR, *d'un ton caressant.*

Et l'on ne daigne pas me répondre !

(*Les deux femmes échangent des regards. Enfin Lady Nelmoor prend
son parti, elle se lève. Emma se lève aussi.*

LADY NELMOOR, *d'un ton froid.*

Lors même, monsieur, qu'on aurait été sévère à votre égard,
il est peu généreux à vous d'abuser de la situation où se trouve
une femme seule à la campagne avec une amie. Que penserait-on
de votre séjour ici? Ce serait les compromettre toutes deux que d'y
rester plus longtemps; mais demain nous retournons à Paris. Bientôt
le mari d'Emma sera de retour.

ARTHUR.

Ah !

LADY NELMOOR.

Et monsieur de Normont aura reçu ma main.

ARTHUR , *riant.*

Votre main ! Normont ! cela n'est pas possible !

LADY NELMOOR, *après avoir jeté sur lui des regards d'étonnement.*

Si ces messieurs veulent vous voir chez eux, nous n'y mettrons
point d'obstacle, et vous, monsieur, comme tout autre, vous pour-
rez vous y présenter.

ARTHUR.

Alors ! Oh ! non ! ce n'est pas ainsi ! je voudrais auparavant....

LADY NELMOOR, *l'arrêtant du regard.*

Monsieur le comte !

EMMA , *à part*.

Adine a vraiment très bien parlé! Après cela je n'ai plus rien à dire.

ARTHUR.

Eh! quoi, refuser obstinément de m'expliquer pour quel motif je suis consigné!

LADY NELMOOR.

Monsieur, insister davantage ne serait pas digne de votre politesse. Je vous recevrai plus tard sous les auspices de M. de Normont.

ARTHUR.

Allons, je vois qu'il faut me retirer; en m'éloignant du moins j'emporte le sentiment de mon innocence, et il me sera moins difficile de pardonner votre injustice, que de l'oublier. Daignez, mesdames, agréer l'hommage de mon respect.

(*Il sort*).

SCÈNE V.

LADY NELMOOR; EMMA.

EMMA.

Tu as été bien sévère.

LADY NELMOOR.

Mais aussi quelle audace!

EMMA.

Il est vrai qu'il n'est pas mal étourdi! venir jusqu'ici et entrer de force.

LADY NELMOOR.

Si M. de Normont fût arrivé?

EMMA.

Il n'en faut pas davantage pour compromettre une femme.

LADY NELMOOR, *souriant*.

Est-ce qu'il serait véritablement amoureux?

EMMA , *riant*.

Mais j'en ai peur! et je t'ai vraiment une grande obligation.

LADY NELMOOR, *étonnée*.

Et de quoi donc?

EMMA.

De m'avoir épargné l'embarras de le congédier moi-même.

LADY NELMOOR.

N'est-ce pas moi seule que cela regardait?

EMMA.

Oui, parce que nous sommes chez toi! mais enfin, cet embarras, c'est moi qui te l'ai attiré.

LADY NELMOOR.

Comment ?

EMMA.

Puisqu'il venait ici pour moi.

LADY NELMOOR.

Tu te trompes, ma chère, c'est moi qu'il cherchait.

EMMA.

Mais non. C'est mon étourdi, dont je te parlais tout-à-l'heure.

LADY NELMOOR.

C'est celui que j'ai banni de chez moi.

EMMA.

Est-ce possible !... (*riant aux éclats*). Un adorateur pour nous deux quand nous croyions en avoir chacune un ! Oh !

LADY NELMOOR.

Peux-tu rire de cela ?...

EMMA.

Veux-tu donc que j'en pleure ?

(*Elle rit*).

LADY NELMOOR.

Voilà bien tes gens à la mode.

EMMA.

C'est assez plaisant, il n'a pas eu l'air embarrassé et ne s'en est pas tiré trop mal ! chacune a pu se croire seule adorée! s'il fût resté, il serait peut-être parvenu à nous tromper toutes les deux.

LADY NELMOOR.

Oh ! je l'en défie bien ! je méprise trop un semblable caractère.

EMMA.

Ah ! oui, j'oubliais ! toi tu es invulnérable ! Mais comment l'as-tu donc connu ?

LADY NELMOOR.

Cette étourdie de Caroline, notre ancienne compagne, ne me l'avait-elle pas présenté comme un parti convenable, il y a trois mois, dès mon retour en France ? Je l'ai vu quelquefois.

EMMA.

Ah! c'était lui? En effet, il est le cousin de Caroline! et j'aurais dû me rappeler. (*Elle rit*). Ah ! ah ! ah !

LADY NELMOOR.

Tout te fait rire aujourd'hui.

EMMA *riant.*

Et tu as cru vraiment?

LADY NELMOOR.

J'ai cru... quoi ?

EMMA, *d'un ton insouciant.*

Oh ! rien !.. un souvenir! je te dirai cela plus tard ! mais sais-tu bien que c'était un parti charmant. Riche, d'une famille distinguée, lieutenant-colonel à vingt-six ans, neveu et aide de camp d'un maréchal de France!

LADY NELMOOR.

C'est cela! un aide de camp, un jeune fou faisant la cour à toutes les femmes et incapable d'en aimer une réellement.

(On entend le bruit d'une voiture).

EMMA.

Oh! pour le coup, voilà notre futur! Il ne vient pas à cheval, lui, comme notre écervelé d'amoureux! oh non. Un bon landaw! Tout ce qu'il fait est grave et paisible! Il n'a pas cet empressement qui nous troublerait, et il suit le précepte du sage : Dans tout ce que tu fais, hâte-toi lentement.

UN DOMESTIQUE, *annonçant.*

M. le baron de Normont, M. de Verpy...

LADY NELMOOR, *étonnée.*

Ah! mon oncle aussi.

LE DOMESTIQUE, *annonçant.*

Et M. le comte Arthur de la Villette.

EMMA.

Comment ?

LADY NELMOOR.

Par exemple !

M. DE VERPY, *en dehors.*

Prenez bien garde.

M. DE NORMONT *en dehors.*

Appuie-toi sur moi !

(La porte s'ouvre Arthur parait, soutenu par MM. de Verpy et de Normont. Il a l'air de ne pouvoir se poser sur un de ses pieds.)

SCÈNE VI.

M. DE VERPY, ARTHUR, M. DE NORMONT, LADY NELMOOR, EMMA.

M. DE VERPY.

Ma nièce, je vous amène un blessé !

ARTHUR.

Daignerez-vous me pardonner madame ?

LADY NELMOOR *à part.*

Est-ce possible ?

M. DE VERPY.

A peu de distance de l'avenue, M. de la Villette, qui allait de Paris à Fontainebleau, a été jeté violemment à terre par son cheval et il semble avoir le pied démis.

(On assied Arthur dans un fauteuil).

M. DE NORMONT.

Un cheval trop vif! tu es si étourdi.

ARTHUR, *d'un ton moqueur.*

C'est juste, tu as de la raison, toi !

M. DE NORMONT.

Heureusement , nous arrivions au moment même...

ARTHUR.

Quel bonheur pour moi !

M. DE VERPY.

Et j'ai pensé que ma nièce, en noble châtelaine, voudrait bien recueillir un beau chevalier blessé.

EMMA *à part.*

Je n'en reviens pas.

M. DE VERPY.

Eh! bien , Adine, vous avez l'air tout étonnée ?

LADY NELMOOR.

J'avoue... que.. cet accident...

M DE NORMONT.

Ce ne sera rien , j'ai une recette excellente pour les foulures.

ARTHUR.

Oh !mon ami , combien je te serai obligé.

LADY NELMOOR , *à part.*

Il se moque de lui , c'est sûr.

M. DE VERPY.

Mais je ne vous comprends pas, ma nièce ! vous ne dites rien, vous êtes là...

LADY NELMOOR.

Pardon, mon oncle! pardon! c'est qu'en vérité j'ai été troublée..
Je m'attendais si peu... Mais je vais envoyer chercher un médecin.

M. DE NORMONT.

J'ai pris ce soin , madame, en entrant ici, car j'ai pensé que vous permettriez.... J'ai aussi à m'excuser d'être venu sans votre autorisation; mais votre amie.....

EMMA.

J'ai déjà obtenu le pardon pour vous et pour moi.

M. DE VERPY.

Et M. de Normont est venu me chercher, pensant que ma présence rendrait sa visite plus convenable.

ARTHUR.

Ce cher Normont, comme il songe à tout ! Un autre, un étourdi comme moi, eût été si empressé, que l'idée ne lui serait pas venue de se choisir un témoin ! à mon dernier duel , moi je l'oubliais ! Jugez donc si pour une tendre entrevue...

M. DE NORMONT, *d'un air satisfait de luimême.*

C'est que toi, Arthur, ou moi, c'est un peu différent.

ARTHUR.

Oh ! je te rends justice ! Aujour l'hui , par exemple, à ma place
tu n'aurais pas eu le pied démis , comme moi.

M. DE NORMONT , *riant.*

Certainement non.

M. DE VERPY.

Ah ! ça , ma nièce, savez-vous que nous avons fait huit
lieues... et que....

LADY NELMOOR *souriant.*

Ah ! mon oncle , veuillez m'excuser. (*A un domestique qui
entre*). Qu'on prépare à déjeûner pour ces messieurs. (*Le domestique sort*).

ARTHUR.

Oui , ces messieurs , après un voyage, ont besoin de réparer
leurs forces; moi, pauvre blessé, je resterai ici pendant ce temps.
(*Ici M. de Verpy commence à examiner Arthur*).

M. DE VERPY , *à part.*

Ah !.. rester !..

EMMA *à part.*

C'est cela , il espère n'être pas seul.

LADY NELMOOR *à part.*

Je comprends ! il veut parler à Emma.

M. DE NORMONT.

Mais, Arthur, tu dérangerais ces dames , à qui vraiment
j'ai bien des excuses à faire pour tout l'embarras que je leur
donne avec ta blessure.

ARTHUR.

Laisse donc , laisse donc ! c'est moi que cela regarde et je veux
être chargé tout seul de la reconnaissance.

M. DE NORMONT.

Non pas , c'est pour moi que madame veut bien te recevoir.
(*à Lady Nelmoor*). N'est-il pas vrai ?

LADY NELMOOR *avec un peu d'impatience.*

Pour vous si vous le voulez.

M. DE NORMONT.

J'ai bien l'honneur de vous remercier. (*A Arthur*) Tranquillise-
toi donc et sois ici comme chez toi.

ARTHUR.

C'est là tout ce que je voudrais. (*A demi voix*) Ah ! si je
pouvais lui parler seul !

M. DE VERPY , *examinant le visage de tout le monde. A part.*

Diable , diable... (*Haut*). La blessure de monsieur me rap-
pelle qu'en 1805 , j'étais comme lui lieutenant-colonel....

ARTHUR.

Et vous fûtes blessé à l'armée en défendant la patrie !

M. DE VERPY *le regardant avec intention.*

Non pas ! mais un jour, je fis semblant de l'être pour avoir accès dans une maison dont l'entrée m'était interdite.

ARTHUR.

Ah !

LADY NELMOOR *à part.*

Il a des soupçons.

EMMA, *à part.*

Le cher oncle devine.

M. DE NORMONT, *à de Verpy en souriant.*

Quelque amourette !... ah ! vous avez été un peu...

M. DE VERPY.

Beaucoup.

M. DE NORMONT , *d'un ton plus sérieux.*

Vous nous conterez cela entre hommes , ces dames ne permettent pas....

M. DE VERPY.

Vous croyez que ces dames ne permettent pas... (*A part*) Ma nièce a rougi, Arthur est inquiet !.. Je ne me suis pas trompé.

M. DE NORMONT.

C'est que , de votre temps , les jeunes gens étaient très-audacieux , sous l'Empire. Et les femmes étaient coquettes !....

M. DE VERPY.

Oh ! c'est si différent maintenant !...

M. DE NORMONT.

Ce n'est plus cela ! plus cela du tout !

M. DE VERPY.

Oh ! mon Dieu non !

M. DE NORMONT.

Voyez plutôt Lady Nelmoor, quelle simplicité ! quelle absence de toute coquetterie ! aussi j'ai rendu hommage à tant de raison ! Toujours douces , égales et bonnes , voilà les femmes que nous aimons maintenant ; ce n'est pas comme à votre époque , une folie passagère ; c'est une estime et une amitié de toute la vie...

EMMA *à part.*

Ce pauvre Normont (*haut*) Ces messieurs avaient parlé de déjeûner ?

M. DE VERPY.

Oui , mais je désire auparavant avoir quelques instants d'entretien avec ma nièce.

LADY NELMOOR *étonnée.*

Avec moi ?

M. DE VERPY.

Oui, je vous en prie. (*Ilu sonné , un domestique entre*). Aidez

M. de la Villette à passer dans la salle à manger, où j'irai le retrouver bientôt.

ARTHUR.

A vos ordres, monsieur. *(Il se lève soutenu par le domestique.
A part).* Maudits souvenirs de 1805.

M. DE NORMONT *allant à son aide.*

Prends donc garde! et le médecin qui n'arrive pas ! J'ai bien
envie de t'indiquer ma recette pour les foulures !

EMMA.

Je vais te remplacer, ma chère Adine, et faire les honneurs
du déjeûner en attendant ton arrivée à table et celle de monsieur.

M. DE VERPY.

Nous ne tarderons pas à vous rejoindre. *(Ils sortent. Arthur
est soutenu par Normont et le domestique.*

SCÈNE VII.

LADY NELMOOR , M. DE VERPY.

M. DE VERPY.

Ma chère nièce, une petite explication, s'il vous plait.

LADY NELMOOR.

Tant que vous voudrez mon oncle.

M. DE VERPY.

Vous connaissez mon expérience. C'est une vertu qui coûte
assez cher en général, pour qu'on n'en dédaigne pas l'usage ; la
mienne me sert donc à éventer une embuscade et à deviner
les manœuvres d'un ennemi. Je suis comme ces vieux soldats
qui ont encore du plaisir à aider de leurs conseils ceux qu'ils
ont le regret de ne plus pouvoir suivre dans les combats.

LADY NELMOOR.

Je ne vous comprends pas mon oncle.

M. DE VERPY.

Patience !... voici mes observations : au moment de vous
remarier, vous fuyez brusquement Paris, et vous venez vous
enfermer dans ce château ; c'est peu naturel ! votre futur vient
vous y surprendre ! c'est bien imprudent ! il se trouve des bles-
sés sur la route, c'est fort extraordinaire. Voyons ! avec qui la
guerre est-elle déclarée? où est l'ennemi, quels sont les alliés...
et qui est-ce qu'on veut attrapper ?

LADY NELMOOR, *d'un ton sévère.*

Personne, mon oncle; je suis libre ! et mes actions dictées
par ma volonté, le sont d'abord par la raison. Jamais je n'é-
pouserai un étourdi; ce n'est pas moi qui pardonnerais à des

folies, j'ai eu trop à en souffrir ! si l'on eût mieux dirigé ma jeunesse on m'eût épargné les chagrins que m'a causés le caractère léger de lord Nelmoor, et ce n'est qu'au plus raisonnable des hommes que je veux confier le bonheur de mon avenir.

M. DE VERPY.

Vrai ? c'est bien vrai ? alors je n'y comprends plus rien et je ne sais que penser de tout ce qui se passe ici ! mais on vient. ..

SCÈNE VIII.

LADY NELMOOR , M. DE VERPY, MARIETTE.

MARIETTE.

On demande M de Verpy.

M. DE VERPY.

Moi ?

MARIETTE.

Un homme accourant en toute hâte pour une affaire importante et mystérieuse.

M. DE VERPY.

C'est impossible, je n'ai jamais eu d'affaires importantes et je n'en ai plus de mystérieuses.

LADY NELMOOR.

Êtes vous bien sûre que ce soit mon oncle qu'on demande ?

MARIETTE.

Oui, madame, et cela paraît être très pressé.

M. DE VERPY.

Que diable ce peut-il être ?... j'aurai plutôt fait d'aller voir moi-même. Je vous retrouverai tout-à-l'heure, ma nièce, et nous reprendrons l'entretien.

LADY NELMOOR, *souriant.*

Allez mon oncle,et que l'inquiétude sur mon compte ne vous empêche pas de déjeûner ! mon cœur est si tranquille que rien ne pourra le troubler désormais.

M. DE VERPY.

C'est ce que nous verrons. Allons Mariette , conduisez-moi vers cet homme. (*Il sort avec Mariette*).

SCÈNE IX.

LADY NELMOOR, *puis* ARTHUR.

LADY NELMOOR *seule un instant.*

Oui, mon cœur est paisible ! Peut-être pourrait-il y avoir un peu plus de tendresse pour l'homme à qui je vais m'unir ?

mais cen'est pas ma faute! on ne règle pas les mouvemens de son âme! on n'y met pas ce qu'on veut, on y prend ce qu'on y trouve! et je n'y trouve pas d'amour pour M. de Normont.... mais cela vaut mieux! beaucoup mieux. (*En ce moment Arthur grimpe en dehors de la fenêtre qui est restée entr'ouverte, il la pousse et saute dans la chambre*).

LADY NELMOOR.

Ciel !

ARTHUR.

Enfin.

LADY NELMOOR.

Est-il possible !

ARTHUR.

M'y voici donc !

LADY NELMOOR.

Que vois-je, par cette fenêtre ? vous, monsieur ! quand votre blessure...

ARTHUR.

Ah ! cette blessure, vous n'en avez pas été dupe...

LADY NELMOOR.

Mais que voulez-vous ?

ARTHUR.

Vous voir... vous parler. seul un instant. Qu'il m'a fallu de peines pour arriver là...mais, eussé-je dû risquer dix fois ma vie, j'y serais parvenu !

LADY NELMOOR, *reculant.*

Oh ! laissez-moi.

ARTHUR.

Non! vous ne me fuirez pas! vous ne vous éloignerez pas! songez, madame, que depuis un mois je vous cherche, je vous poursuis partout pour saisir ce moment, pour obtenir une explication nécessaire à mon bonheur.... au vôtre peut-être.

LADY NELMOOR.

Monsieur!...

ARTHUR.

Vous êtes la seule femme que j'aie aimée !

LADY NELMOOR.

Si je le demandais à Emma ?

ARTHUR.

Si !j'ai offert à elle ou à d'autres cet hommage qu'un jeune homme ne peut refuser à la beauté.... c'est qu'alors je ne vous connaissais pas!.... Mais quand j'eus entendu votre voix si douce, vos paroles dont la grâce et le charme m'ont seules révélé ce que la raison peut ajouter à l'esprit, ce que la bonté peut prendre d'empire sur le cœur, j'ai senti... que c'était vous, madame, que je devais aimer.

LADY NELMOOR.

M'aimer, moi, si grave, si sérieuse!....

ARTHUR.

Justement ! ne me fallait-il pas dans l'objet de mon choix de la raison pour deux ?

LADY NELMOOR.

Vous, si élégant, si frivole!...

ARTHUR.

Ah! cette austère sévérité de votre extérieur, cette simplicité qui prend autant de soins pour se dérober à nos hommages, que les autres femmes en mettent à les chercher, n'est-ce pas un mérite qui n'appartient qu'à vous seule? et qui inspire plus d'admiration que tout l'art de la coquetterie ne peut inspirer d'amour?

LADY NELMOOR, *un peu troublée.*

Monsieur, ne parlez pas ainsi.. je ne dois, ni ne veux le permettre.... Encore une fois, éloignez-vous!....

ARTHUR.

Non, madame! j'ai appris que vous étiez engagée, que, par je ne sais quelle erreur, vous croyiez trouver un sort heureux avec l'homme du monde le moins fait pour vous convenir.

LADY NELMOOR.

Son noble caractère, sa raison si sûre, conviennent à mes idées, à mes principes, à mes projets.

ARTHUR.

Vous vous trompez, madame ! car vous avez une âme tendre, quoique vertueuse! le premier besoin d'une âme comme la vôtre est d'éprouver, en les inspirant des sentiments tendres et vifs, et avec mon ami Normont que ferez-vous de tout cela ?

LADY NELMOOR.

Mais monsieur!...

ARTHUR.

Oh! je m'y connais! et d'ailleurs j'étais trop intéressé pour ne pas tout voir. Il n'y a qu'un instant, n'était-il pas là près de vous, et je cherchais, madame, s'il y avait en lui quelque chose qui pût convenir à votre nature aimante et délicate! Je regardais ses yeux, rien n'y paraissait! il n'y avait pas une émotion dans ses paroles! le son de sa voix n'exprimait rien, et quant aux mouvemens de son cœur, il n'en perçait aucun! Ah!... il n'est point de sentimens qui puissent se contraindre si bien qu'un rival ne les sache deviner ! Il ne vous aime pas, madame, il est froid, il est glacé!... s'il sentait quelque chose il s'animerait! l'amour est comme le feu, il échauffe du moins s'il ne brûle pas! non, madame, il ne vous aime point !... et

(25)

quand il est des cœurs pleins d'amour , qui recevraient avec ravissement le bonheur que vous lui destinez, irez-vous lui donner un bien dont il ne saura pas comprendre tout le prix?

LADY NELMOOR, *un peu émue.*

En vérité, monsieur, ce langage... doit me surprendre.... et je ne sais de quel droit...

ARTHUR.

Du droit que me donne votre injustice envers moi! du droit que me donne l'amour le plus vrai, le plus sincère !

LADY NELMOOR , *se réveillant.*

Et je vous écoute ! et je vous réponds !... mais, vraiment, je suis aussi folle que vous !

M. DE VERPY , *en dehors.*

Ah! ça , où diantre êtes-vous donc , M. de Normont ?

LADY NELMOOR, *inquiète.*

C'est la voix de mon oncle.

ARTHUR, *avec embarras.*

Quoi , déjà...

NORMONT, *en dehors.*

Venez me délivrer, M. de Verpy, je suis enfermé...

LADY NELMOOR.

Enfermé ? comment ?

ARTHUR.

Oh ! ce n'est rien... mais ils vont venir.

LADY NELMOOR , *troublée.*

Et que leur dirai-je ?... sortez, monsieur , sortez...

(Arthur va vers le fond on entend la voix d'Emma.)

EMMA , *en dehors de la porte du fond.*

Adine, es-tu là.

ARTHUR.

Je suis pris de tous les côtés !

LADY NELMOOR.

Et si l'on vous voit, que pensera-t-on ? il ne faut pas... je ne veux pas qu'on vous trouve ici... que faire... ah! entrez là! Et voyez, monsieur, à quoi m'expose votre imprudence. *(A elle même.)* Et la mienne!

ARTHUR, *saisissant sa main et la baisant.*

Oh! pardonnez , pardonnez !

(Il sort par la porte de gauche.)

LADY NELMOOR.

Quelle folie !... et si on l'eut vu, quelles idées on aurait pu concevoir !

(Elle s'assied et arrange des fleurs sans trop savoir ce qu'elle fait.)

SCÈNE X.

EMMA, LADY NELMOOR, *puis* M. DE VERPY, NORMONT.

EMMA, *entrant.*

Enfin, je te trouve! que fais-tu donc là?

LADY NELMOOR.

Tu le vois... je... ces fleurs.

EMMA.

Voilà une affaire bien presséepour faire oublier le déjeûner!

LADY NELMOOR.

Ah! oui, le déjeûner!

EMMA.

Il y a une heure que je suis toute seule dans la salle à manger ; sous prétexte qu'il souffrait de sa blessure M. le comte de la Villette s'est fait conduire par M. de Normont dans une chambre; j'attendais toujours ou l'un d'eux, ou M. de Verpy... personne n'a paru.

LADY NELMOOR.

Vraiment!..

(*Normont entre avec Verpy par la porte de droite.*)

EMMA, *à Normont.*

Ah! c'est bien heureux! pourquoi donc, monsieur, ne vous ai je pas revu?

NORMONT.

N'en accusez qu'une étourderie inconcevable d'Arthur! Il me conduit dans une chambre, afin que je lui prépare ma recette pour les foulures, qu'il voulait employer en attendant le médecin; tout-à-coup il me quitte, appuyé sur le bras d'un domestique; il va revenir, me dit-il! point du tout! Il ne revient pas, et quand je veux sortir, je m'aperçois que, sans y prendre garde, il a tourné deux fois la clé dans la serrure, et que je suis enfermé! point de sonnette! je crie, on ne me répond pas! et si M. de Verpy ne fût venu à passer et ne m'eût entendu, je serais peut-être resté toute la journée dans cette chambre! quel étourdi que cet Arthur!

LADY NELMOOR, *à part souriant.*

Je m'en doutais!... c'est une nouvelle espièglerie.

EMMA, *riant.*

Allons! et d'un!... je parie qu'il est aussi arrivé quelque aventure à M. de Verpy?

M. DE VERPY.

Mais oui!... à peu près! une espèce de paysan m'a retenu presque de force pour me raconter une longue dispute accompagnée de coups de poing, qu'il a eue avec un de ses camarades. J'avais beau faire et beau dire, il ne voulait pas absolument me laisser partir, et ce n'est qu'au bout d'un grand quart d'heure que j'ai su qu'il me prenait pour le maire ou le juge de paix du canton.

LADY NELMOOR , *riant.*

Oh ! mais !... c'est drôle.

M. DE VERPY, *la regardant avec intention.*

Je ne sais pas si c'est drôle; mais je crois savoir que c'est quelque mauvais plaisant.

LADY NELMOOR , *riant.*

Bah !... vous soupçonnez toujours quelque malice.

M. DE VERPY.

J'ai tort, n'est-ce pas?

EMMA , *regardant lady Nelmoor.*

Mais, M. Arthur? est-ce qu'on le retiendrait aussi quelque part?

M. DE VERPY.

Oh! il ne me semble pas de ceux qu'on attrappe, lui, mais de ceux qui attrapent les autres.

LADY NELMOOR , *riant.*

Ce n'est pas le plus mauvais rôle.

NORMONT.

Est-ce que vous supposeriez Arthur capable de se moquer de nous?

M. DE VERPY.

Il n'oserait pas.... mais j'ai l'idée qu'il a voulu se ménager un tête-à-tête.

NORMONT.

Et avec qui?

EMMA.

Ce n'est pas avec moi, qu'on a laissée seule à table.

M. DE VERPY.

Alors!...

NORMONT , *indiquant lady Nelmoor.*

Ce ne peut pas être avec madame.

EMMA.

Je ne le crois pas, car ce serait bien singulier

LADY NELMOOR.

Singulier !....

M. DE VERPY.

Pas si singulier que vous le pensez.

EMMA.

Pardon, pardon!... et je peux prouver ce que j'avance.

LADY NELMOOR.

Quoi donc !... que prouvrais-tu ?

EMMA.

Que M. Arthur ne peut pas, ma chère Adine, penser à te plaire, d'après la façon dont il s'exprime sur ton compte.

NORMONT.

Et puis cela n'est pas possible, par la raison qu'il connait nos engagemens.

M. DE VERPY.

Ah!... vous croyez...

EMMA.

Je vous assure qu'il ne songe pas à Adine.

LADY NELMOOR.

En vérité, je voudrais savoir ce qui te rend si sûre !...

EMMA.

Mon Dieu!.... si tu es si curieuse, j'ai de quoi te satisfaire.... c'est là ce souvenir qui me faisait rire tantôt!... tiens, voici une lettre qu'il écrivit à sa cousine Caroline le lendemain du jour où elle te l'avait présenté.... tu te rappelles?

LADY NELMOOR.

Oui, mais comment cette lettre est-elle entre tes mains?

EMMA.

Caroline, notre ancienne compagne, me l'avait communiquée. Je la priai de me la confier, parce que je voulais t'en donner connaissance, afin de te faire voir combien ton système de conduite réussissait auprès des étourdis comme monsieur Arthur. C'était pure amitié de ma part.

LADY NELMOOR, *amèrement.*

Oh! je n'en doute pas!

M. DE VERPY, *moqueur.*

Cela se voit tout de suite.

EMMA.

Et maintenant qu'on soupçonne M. de la Villette, l'instant de te faire lire son épitre ne pouvait-être mieux choisi.

LADY NELMOOR, *prenant la lettre.*

Voyons donc !

M. DE VERPY , *à part.*

Bon petit cœur de femme ! (*Haut.*) Prenez garde, ma nièce, la curiosité est souvent dangereuse !

LADY NELMOOR, *lisant.*

« Ma chère cousine, chez quelle bizarre personne m'avez-vous « conduit? Et avez-vous perdu la raison, en imaginant que je « pourrais en faire ma femme? » (*parlé*) Comme si l'on eût voulu de lui ! (*Elle lit*) « Son air de puritaine, et sa toilette sin-« gulière déguisent, j'en suis sûr, plus de défauts que de beauté; « les cheveux qu'on aperçoit par hazard, cachent ceux qu'elle ne « peut montrer, et ce n'est pas sans cause qu'elle nous dérobe sa « taille ; son amie, elle-même me l'a donné à entendre! » (*Parlé*) Ah ! je vous remercie, Emma.

EMMA , *à demi-voix.*

J'entrais dans tes vues, je voulais te rendre service.

LADY NELMOOR.

Vous êtes trop obligeante ! Mais continuons. (*Elle lit*). « Il « n'y a qu'une chose qui pourrait donner l'envie de plaire à « Lady Nelmoor; c'est qu'il semblerait très-original qu'on l'eût « entrepris. »

NORMONT.

Le moyen, après cela, de croire qu'il est amoureux de madame!

EMMA.

Tu me pardonnes, ma chère Adine ?

LADY NELMOOR *très-colère.*

Et de quoi me demandez-vous pardon ? Que me font vos paroles ? Que me font les sottes impertinences d'un fat ?..

M. DE VERPY.

Remettez-vous, ma nièce, remettez-vous !

LADY NELMOOR.

Que je me remette ? et qui vous dit que cela me trouble ? Quel intérêt puis-je y prendre ? Je ne sais en vérité pourquoi j'ai lu ces sottises ! j'ai bien autre chose à faire, vraiment! Et dans ce moment puis-je m'occuper de ces pauvretés ridicules, moi qui peux à peine songer aux choses essentielles tant je suis souffrante , malade.

NORMONT.

Comment, madame !

LADY NELMOOR.

Oui monsieur , la fatigue, le bruit... Je viens ici à la campagne pour me reposer quelques heures dans la solitude.....et je suis accablée de visites, d'embarras !

M. DE VERPY.

Nous allons nous retirer.

LADY NELMOOR, *allant s'asseoir près de la table.*

Je vous en prie ! un moment de repos, je n'en puis plus.

EMMA.

Si mes soins...

LADY NELMOOR.

Laissez-moi , de grâce.

EMMA *à part.*

Quelle humeur !

M. DE VERPY *à part.*

Infortuné Normont.

NORMONT.

J'espère, madame, que votre indisposition n'aura pas de suite... Si c'était une migraine, j'ai une recette excellente...

LADY NELMOOR.

Merci, merci, ce ne sera rien.

NORMONT.

Ce pauvre Arthur commence à m'inquiéter aussi !.... où peut-il être ?

M. DE VERPY, *d'un air moqueur.*

Ah ! c'est lui qui vous inquiette ? vous êtes bien bon ! Allons venez, suivez-moi, laissons ma nièce seule... c'est je crois la meilleure recette pour son mal.

SCÈNE XI.

LADY NELMOOR, puis ARTHUR.

LADY NELMOOR *seule un instant. Elle se lève vivement, regarde la lettre qu'elle tient encore et la cache dans son sein.*

Voilà-t-il assez de choses désagréables ! Emma était elle contente ! Il lui semble qu'il me serait impossible de plaire à monsieur Arthur. (*Souriant*) Pourtant, si je le voulais bien ! mais non certes, non pas ! Je vais le renvoyer de la bonne manière. (*Elle va ouvrir la porte de la pièce où est Arthur*). Sortez, monsieur, sortez, je vous prie !...

ARTHUR.

Ah ! vous êtes seule enfin, madame, ils sont partis.

LADY NELMOOR *émue et colère, mais tâchant de se contraindre.*

Oui, je suis seule !

ARTHUR.

Quel bonheur !

LADY NELMOOR *d'un ton froid et très sévère.*

Et disposée, monsieur, à écouter ce qui vous reste à me dire ! c'est très-important sans doute à en juger par tout ce que vous avez fait pour obtenir cet entretien.

ARTHUR *souriant.*

Ah ! vous savez, madame ?....

LADY NELMOOR.

Parlez-donc, monsieur, puisque je veux bien vous entendre.

ARTHUR.

Quel ton froid et sévère.

LADY NELMOOR.

Vous trouvez ?

ARTHUR.

Vous n'étiez pas ainsi tout à l'heure !

LADY NELMOOR.

Tout à l'heure ? c'est possible ! mais que disiez-vous alors quand on vous a interrompu ?

ARTHUR.

Oh ! il m'est bien facile de le répéter ; car c'est une pensée qui ne me quitte pas ! Je disais, madame, que le bonheur de vous plaire eût été la plus grande ambition de mon cœur.

LADY NELMOOR.

Ah !

ARTHUR.

Et qu'être aimé de vous eût réalisé toutes mes espérances !

LADY NELMOOR.

Vraiment ? « *C'est original* n'est-ce pas ? — « *Et vous avez là une bien singulière idée !*

ARTHUR.

Que signifie ce ton moqueur ?

LADY NELMOOR *avec beaucoup d'ironie.*

Non, je ne me moque pas ! pourquoi donc me moquerais-je ? il n'y a rien de plus sincère que vos paroles ! Vous exprimiez si naturellement tout à l'heure ce qu'une âme aimante et bonne peut éprouver, qu'on voit bien que vous êtes incapable d'essayer de tromper une femme sur les sentimens qu'elle vous inspire !

ARTHUR.

Ce cruel langage est-il une punition du passé ? Quand je mentais, on me croyait ! ne me croit-on plus quand je dis vrai ?

LADY NELMOOR, *toujours ironique.*

Oh ! sans doute, vous dites vrai ! ce n'est pas vous qui chercheriez à pénétrer par surprise dans le cœur d'une femme craintive et réservée ! qui voudriez, par défi et comme difficulté vaincue, lui inspirer des sentimens que vous n'auriez pas, que vous ne pourriez jamais avoir pour elle.

ARTHUR.

Mais vos paroles, le ton dont vous les prononcez, m'étonnent et me troublent. Ah ! madame, cette amère dérision....

LADY NELMOOR *d'un ton plus sérieux.*

Oh ! oui, ce serait une amère dérision, comme vous dites, si rencontrant une femme modeste, sans prétentions, un homme employait auprès d'elle, par bravade, ce langage fait pour séduire !

ARTHUR.

Mais cela est impossible.

LADY NELMOOR.

Si, la poursuivant jusque dans la retraite, où elle veut cacher plus de défauts que de beauté...

ARTHUR, *cherchant à se souvenir.*

Qu'est-ce donc !... Je m'y perds.

LADY NELMOOR.

Il venait lui exprimer tout ce qui peut porter dans l'âme, le trouble et la persuasion ! Et si alors, la pauvre dupe croyant qu'elle est aimée, imaginant que ce rêve de la vie des femmes, ce bonheur qu'elles devinent et qui fuit toujours devant elles, l'amour fondé sur l'estime, garanti par la noblesse du cœur, exprimé par la délicatesse ; s'imaginant disje, qu'elle a rencontré tout cela, si elle abandonnait son âme à cette espérance pour découvrir ensuite qu'un étourdi s'est joué de son repos, s'est moqué de son bonheur, et pour rester d'autant plus malheureuse qu'il lui faudrait renoncer à l'espoir d'être aimée après en avoir entrevu tout le charme ! (*elle s'est un peu attendrie vers les dernieres phrases*). Oh ! oui, ce serait une amère dérision.

ARTHUR.

Si vous saviez quel trouble agite mon âme.

LADY NELMOOR, *revenant d'un ton plus calme et essayant de sourire.*

Heureusement, monsieur, rien de tout cela ne pouvait arriver ! vous nous avez donné des armes pour nous défendre, (*elle sourit et lui donne la lettre*) et voici un bouclier sous lequel notre cœur était aisément invulnérable !

ARTHUR, *attéré.*

Ciel ! ma lettre à ma cousine !

LADY NELMOOR.

C'est dommage, n'est-ce pas ? C'eût été une *entreprise si originale* que de chercher à plaire à *Lady Nelmoor* !

ARTHUR.

Je suis perdu.

LADY NELMOOR.

Eh ! bien, monsieur ?

ARTHUR, *confus.*

Eh ! bien madame ?

LADY NELMOOR.

Cette lettre ?...

ARTHUR.

Je ne puis la nier !

LADY NELMOOR.

Et ?

ARTHUR.

Et Lady Nelmoor ne la pardonnera jamais ! j'aurais beau lui dire que chaque fois que je l'ai vue depuis ce moment, une impression nouvelle, vive et profonde a rempli mon âme de tendresse et d'admiration...

LADY NELMOOR.

Elle ne vous croirait pas.

ARTHUR.

Je suis bien malheureux !

LADY NELMOOR. *a la psyché, ôtant son chapeau.*

Cette pauvre Lady Nelmoor est si laide !...

ARTHUR.

Je n'ai pas écrit cela !

LADY NELMOOR, *retirant son chapeau et ajustant ses cheveux.*

Elle cache ses cheveux parce que elle ne pourrait pas les montrer.

ARTHUR.

Que vous êtes cruelle ?..

LADY NELMOOR. *ôtant sa mantille et la jetant sur la table.*

Sa taille est certainement de travers, elle l'enveloppe avec tant de soin !

ARTHUR.

Madame.

LADY NELMOOR.

Sans goût, comme sans grâces elle ignore cet art de donner à la coquetterie un air de négligence ! d'être simple avec élégance ! gracieuse sans affectation.

ARTHUR, *l'examinant enchanté.*

Mon Dieu, sous quel aspect nouveau !...

LADY NELMOOR, *d'un ton plus sérieux.*

Lady Nelmoor, monsieur, avait été choisie par son mari pour sa figure et ses talens; elle avait brillé par son élégance; et tout cela, en flattant sa vanité, n'avait pas satisfait son cœur ! aussi dédaignant les hommages et méprisant l'amour, elle s'était promis de ne sacrifier sa liberté qu'à la seule amitié !

ARTHUR.

L'amitié ? vous !..

LADY NELMOOR.

Et vous êtes venu monsieur, insulter à sa raison, qui vous condamne, défier son cœur, qui vous échappe, vous moquer de sa figure...

ARTHUR.

Qui s'en venge bien.

LADY NELMOOR, *souriant.*

Ah ! je lui en saurais gré.

ARTHUR.

Vraiment ?

LADY NELMOOR, *riant d'un air mutin.*

Oui, vous mériteriez qu'on fût assez jolie pour vous donner des regrets ! ce serait vengeance permise que de souhaiter de vous plaire !... ma colère est si grande que je voudrais, monsieur, vous paraître charmante, et qu'en vous disant adieu... pour toujours, je voudrais vous laisser un souvenir qui ne s'effaçât jamais !

(*Elle le salue et sort par la porte de droite*).

4.

SCÈNE XII.

ARTHUR, *seul et exalté.*

Elle est charmante, délicieuse ! j'en suis amoureux fou !
Elle a repris tous le attraits, toutes les grâces, toute la co
quetterie, tous les défauts d'une femme!... il ne lui manque plus
rien pour être adorée ! mais que faire maintenant pour l'a-
paiser ! (*Il s'assied à gauche et réfléchit*).

SCÈNE XIII.

NORMONT, ARTHUR, *puis* LADY NELMOOR.

NORMONT, *entrant du fond et se parlant à lui-même.* Je savais bien
que lord Nelmoor avait laissé des affaires en désordre; mais
ruiné à ce point ! mais les dettes qui ne sont pas payées ! Mais
cette terre (*il aperçoit Arthur*). Ah! te voilà ! Eh bien, mon ami,
il y a du nouveau.

ARTHUR.

Quoi tu le sais déjà ?

NORMONT.

Sans doute !

ARTHUR.

C'est impayable !

NORMONT.

J'en tremble !

ARTHUR.

Comment ?

NORMONT.

Je croyais lady Nelmoor plus raisonnable que cela ?

ARTHUR.

Elle veut être aimée pour ses seules vertus.

NORMONT.

C'est bien romanesque.

ARTHUR.

C'est charmant !

NORMONT.

Je ne vois pas ce que tu peux trouver de charmant dans
tout cela. Une terre magnifique !

ARTHUR, *qui ne l'a pas écouté.*

Elle est vraiment délicieuse.

NORMONT.

Oui, mais elle n'est pas payée.

ARTHUR, *étonné.*

Payée ?

NORMONT.

Elle était déjà hypothéquée et je l'ignorais.

ARTHUR.

Hypothéquée ? ah ! ça, as-tu perdu la tête ?

NORMONT.

Ne sais-tu pas qu'on va la saisir ?

ARTHUR.

Saisir ? Quoi ?

LADY NELMOOR, *entrouvrant la porte de droite et s'arrêtant quand elle les aperçoit. A part.*

Ah ! il est encore là!... et M. de Normont avec lui !

ARTHUR, *à Normont.*

Achèveras-tu ?

NORMONT.

Que j'achève ? mais je te dis depuis une heure qu'on va saisir la terre de lady Nelmoor !

ARTHUR.

Cela se pourrait-il ?

LADY NELMOOR, *à part.*

Ecoutons !

NORMONT.

Il ne lui reste rien; cette terre étant sa seule propriété, et de nouveaux créanciers de son mari se présentant.

ARTHUR

Juste ciel !

NORMONT.

Comment lui apprendre cette nouvelle ? et comment supportera-elle ce malheur ?

ARTHUR *se levant vivement.*

Ah ! qu'on le lui cache ; un chagrin à elle? oh non, non !

NORMONT.

Prends donc garde à ta foulure.

ARTHUR.

Il s'agit bien de cela, qu'elle ignore toujours ce qui arrive.

NORMONT.

C'est impossible.

ARTHUR.

Impossible! Ah ! s'il le faut, moi je réponds pour elle !

NORMONT.

Toi, qui n'as jamais le sou.

ARTHUR.

Il est vrai que j'ai le tort, ou la raison de manger ordinairement mon revenu de l'année prochaine ; c'est une malice que je fais à mes héritiers ! mais je suis riche, mes biens sont considérables. Je peux répondre pour bien plus que la valeur de ce château. Et, s'il était nécessaire, Normont, dispose de toute ma fortune.

NORMONT.

Allons, tu n'es guères raisonnable non plus. Mais tu as bon cœur, voilà un trait qui me montre toute ton amitié pour moi.

ARTHUR.

Hein , plait-il ?

NORMONT.

Il est vrai qu'entre anciens camarades... puis tu sais qu'avec moi tu n'as rien à risquer. Mais c'est égal, c'est fort beau , et j'en garderai une vive reconnaissance.

ARTHUR.

Encore une fois, cours donc vite, et toi qui sais si bien calculer, arrange tout cela.

NORMONT.

J'y vais . j'y vais, mais sois tranquille, tu auras des sûretés (*Il sort par le fond*).

LADY NELMOOR *à part*

Ah *!* comment n'être pas touchée en voyant un cœur si généreux.(*Elle vient en scène*). Merci, M. Arthur, merci *!* Combien je bénis l'erreur à laquelle je dois de vous avoir vu si noble et si bon.

ARTHUR.

Vous étiez là , madame.

LADY NELMOOR.

Heureusement.

ARTHUR.

Quoi , vous avez entendu *!* et vous savez ce que je voulais vous cacher.

LADY NELMOOR.

Ne craignez rien, je ne suis pas inquiète sur ma fortune ; je suis riche, fort riche, et n'ai point cessé de l'être.

ARTHUR.

Comment *!* ces créanciers.....

LADY NELMOOR *riant.*

Ces créanciers ? une plaisanterie que j'avais imaginée, comme j'avais imaginé d'annoncer ma ruine ...

ARTHUR.

Ah *!*

LADY NELMOOR.

Les deux années que j'ai passées dans la retraite, ont payé toutes les dettes de Lord Nelmoor ; mais, venant en France avec l'intention de m'y fixer par un second mariage, je n'ai voulu rien devoir à ma fortune, et, au moment de m'engager, une dernière épreuve devait m'assurer de la tendresse désintéressée de l'homme que j'avais choisi ! oui, je connaissais sa raison et je voulais éprouver son cœur !

ARTHUR.

Ah ! vous l'estimez donc bien peu ?

LADY NELMOOR.

Comment ?

ARTHUR *d'un ton froid et contraint.*

Je sais, madame, que cela ne me regarde point, que je n'eus jamais de droits sur votre cœur et que vous venez à l'instant même de me bannir de votre présence : c'est pour cela que vous aimez, que je m'offense, que je m'afflige de vos soupçons ! Ah ! si j'avais été assez heureux pour être à sa place, si vous m'eussiez choisi, je souffrirais beaucoup en ce moment, je l'avoue, et je ne sais si je pardonnerais à celle que j'aime, de m'avoir fait rougir devant elle, en me soumettant à cette outrageante épreuve.

LADY NELMOOR.

Que dites-vous ?

ARTHUR.

Cacher votre fortune, pour vous assurer que ce n'est pas elle qu'on cherche en vous aimant. Ah ! la femme à qui il faut une preuve convaincante de l'honnêteté d'un homme, et qui prend avec lui les précautions du mépris, elle ne l'aime pas, madame, elle ne l'aimera jamais ! Il y a dans l'amour une estime si grande, une admiration si vive, un sentiment si juste de ce que vaut celui qu'on aime, qu'il ne peut s'élever dans l'âme aucun doute, aucun soupçon ! Les apparences fussent-elles contre lui, le monde l'eût-il condamné, c'est près de celle qu'il aime qu'un homme doit trouver justice. Pensez donc, madame, si, quand tous l'estiment, il peut lui pardonner d'avoir osé douter de lui.

LADY NELMOOR.

Quel langage !

ARTHUR.

J'ai tort peut-être, d'exprimer aussi vivement ma pensée. Excusez-moi, madame ! Je me retire. Auprès de vous, je ne suis assez maître ni de mes paroles ni de mes sentimens.

(Il fait un profond salut et sort par le fond.)

SCÈNE XIV.

LADY NELMOOR, puis M. DE VERBY.

LADY NELMOOR *seule et agitée.*

Eh bien ! il part, il s'éloigne et je ne puis le retenir ! Que lui dire ? Je l'ai offensé, je l'ai banni. Il ne reviendra pas ! Quelle noblesse de pensées, quelle chaleur d'expressions ! quelle délicatesse de sentimens ! et je ne le reverrais jamais ? Oh .. .. il faut. . . . . (*Elle va vers la porte du fond sans trop savoirce qu'elle fait. M. de Verpy paraît*). Mon oncle . . . .

M. DÉ VERPY.

Où couriez-vous ainsi , ma nièce ? Et quel changement, bon Dieu. Cette robe, cette coiffure, c'est charmant, charmant en vérité ? Mais qu'avez-vous ? ce n'est pas seulement votre toilette qui est différente ; vous, si calme d'ordinaire, si paisible, vous êtes troublée. ..

LADY NELMOOR.

Moi !

M. DE VERPY.

Vos yeux sont pleins de larmes.

LADY NELMOOR.

Mais non.

M. DE VERPY.

Mais si ! (*Il lui prend la main*) et vous tremblez ?

LADY NELMOOR.

Vous vous trompez, mon oncle.

M. DE VERPY.

Non , je ne me trompe pas , et je viens de rencontrer M. Arthur, il était troublé aussi. Ma nièce , auriez-vous à vous plaindre de cet étourdi ?

LADY NELMOOR.

A me plaindre de lui ? de M. Arthur ; oh non ! c'est impossible.

M. DE VERPY.

Impossible, allons donc! un jeune fou , audacieux , inconséquent.

LADY NELMOOR.

Et où avez-vous pris , mon oncle, qu'il est fou, audacieux et inconséquent.

M. DE VERPY.

Où je l'ai pris ? mais quand il n'y aurait que toutes les extravagances qu'il a faites aujourd'hui.

LADY NELMOOR.

Quoi donc ?

M. DE VERPY.

Eh bien, sa chûte de cheval ?

LADY NELMOOR.

Un événement malheureux.

M. DE VERPY.

Malheureux ! je voudrais savoir pour qui ? Et Normont, enfermé dans une chambre, pendant qu'on me retenait d'un autre côté !

LADY NELMOOR.

Une méprise sans doute!... un accident !...

M. DE VERPY.

Un accident qui a des suites, il me semble !

LADY NELMOOR.

Vous croyez ?

M. DE VERPY.

J'en ai peur !.... et cet amour qu'il promène aux pieds de toutes les femmes, qu'il a offert à votre amie même !...

LADY NELMOOR.

La vanité d'une femme peut si bien se tromper sur ces choses là !

M. DE VERPY.

Ah ! mais ses affaires en désordre.

LADY NELMOOR, *vivement.*

Du désordre ! lui qui tout à l'heure offrait une somme considérable qu'il croyait m'être nécessaire !

M. DE VERPY.

Bah !... ah ça, mais c'est donc un garçon très rangé, un modèle de sagesse?

LADY NELMOOR.

Et si bon... si noble...

M. DE VERPY.

Oui dà ?

LADY NELMOOR.

Jamais aucun homme n'a si bien senti tout ce qui convient au caractère et au cœur d'une femme.

M. DE VERPY.

Vraiment !

LADY NELMOOR.

Il devine ses idées, partage toutes ses petites susceptibilités.....

M. DE VERPY.

Voyez vous çà....

LADY NELMOOR.

Comprend tout ce qu'elle peut éprouver, tout ce qui peut servir à son bonheur.

M. DE VERPY.

Qui diantre se serait douté de pareille chose?

LADY NELMOOR.

Certes, il faudrait une grande injustice pour ne pas trouver sa conduite et ses paroles pleines de bonté, d'esprit et de raison.

M. DE VERPY.

En vérité!...

LADY NELMOOR.

Oui, mon oncle...

M. DE VERPY.

Malepeste ! M. Arthur a fait bien du chemin pour un boiteux!

LADY NELMOOR.

Que dites vous?...

M. DE VERPY.

Je dis, ma nièce que je m'associe à vos inquiétudes, à votre trouble : car vous êtes agitée, émue, comme quelqu'un qui aurait à réparer une erreur ou une injustice !... envers M. Arthur, eh ! bien, nous réparerons cela ! n'est-ce pas ? (*Il la regarde malicieusement.*) Après votre mariage avec M. de Normont !

LADY NELMOOR, *reculant et comme frappée de stupeur.*
Mon mariage avec M. de Normont !

M. DE VERPY.

N'est-ce pas demain que nous signons le contrat ?

LEDY NELMOOR.

Demain !...

M. DE VERPY.

Sans doute, est-ce que les vingt-quatre heures de réflexion...

LADY NELMOOR, *vivement.*

Les vingt-quatre heures de réflexion prouvent que j'avais encore la possibilité de changer d'avis.

M. DE VERPY.

Certainement !... si vous trouviez qu'il y avait moyen de faire un mariage plus raisonnable !... est-ce que...

(*Il la regarde avec attention.*)

LADY NELMOOR, *maligne et caressante.*

Convenez, mon oncle, que des gens méchans pourraient trouver M. de Normont... quelque peu ridicule !...

M. DE VERPY.

Ah ! ah ! et vous avez découvert cela aujourd'hui ! tudieu ! que de découvertes en un jour ! allons, allons !.... j'y suis ! et moi aussi j'en ai fait une !

SCÈNE XV.

EMMA, LADY NELMOOR, M. DE VERPY, NORMONT, ARTHUR.

NORMONT, *amenant Arthur.*

Eh, non, je te répète que tu ne partiras pas ainsi : nous retournerons à Paris tous ensemble.

M. DE VERPY, *examinant Arthur et sa nièce.*
Monsieur partait ! Oh ! je comprends le trouble !

EMMA, *à lady Nelmoor.*
Que le métamorphose, ma chère Adine...

(41)

NORMONT.

Tiens, c'est vrai! moi qui ne voyais pas!. . (*d'un air de triomphe à Arthur*). Eh bien Arthur ?

ARTHUR.

Je vous demande bien pardon, madame, d'être revenu sans votre permission. . . et. . .

NORMONT.

Puisque c'est moi qui t'ai ramené ! Mais à propos quand je t'ai arrêté, tu courais comme un lièvre !

ARTHUR.

J'ai été guéri par ta recette !

NORMONT.

Tu ne t'en es pas servi !

ARTHUR.

C'est égal , l'intention seule.

M. DE VERPY , *à Arthur.*

Il est des gens qui ont obligation à M. de Normont de vous avoir fait rester, monsieur. Moi, d'abord, qui dois m'excuser, car je vous avais jugé légèrement, et ma nièce vient de me détromper sur une foule de choses.

ARTHUR.

Comment ?

LADY NELMOOR, *bas.*

Mon oncle !

M. DE VERPY.

Oui, oui, j'avais la maladresse de vous prendre pour un étourdi, vous, si sage, si rangé, si fidèle, si. . .

NORMONT, *à Arthur.*

Est-ce qu'on se moque de toi ?

M. DE VERPY.

Pas le moins du monde ! si je répétais ce que ma nièce vient de m'apprendre !...

ARTHUR.

Madame ?

LADY NELMOOR, *bas.*

Encore une fois, mon oncle !...

M. DE VERPY.

Oui, par exemple...

EMMA.

Oh ! moi je sais à fond l'opinion d'Adine sur M. Arthur, car ce matin nous parlions de lui, et cela ne ressemble guères...

M. DE VERPY.

Pas du tout.... vous croyez savoir, et je gage que vous ne savez rien !...Tenez, entre autres choses, ma nièce m'a prouvé que la coquetterie de quelques femmes qui interprétaient comme

témoignages d'amour, des politesses insignifiantes, valait seule
à monsieur sa réputation de légèreté,

EMMA.

Ah ! votre nièce a dit cela ! (*A part*). C'est aimable !

LADY NELMOOR.

Mon oncle ! je vous en prie.

M. DE VERPY.

Elle ajoutait que M. Arthur, tendre, délicat, sensible !.. Oh
si je répétais tout.. n'aime qu'une seule femme !

ARTHUR.

Je le jure.

NORMONT.

Bah !

M. DE VERPY.

Oui, ma nièce m'en paraît assez persuadée !

ARTHUR.

Et croit-elle que je l'aimerai toute ma vie ?

M. DE VERPY, *après les avoir regardé l'un et l'autre.*

Je pense que c'est là ce qu'elle sera bien aise de savoir.

ARTHUR, *allant à lady Nelmoor.*

Madame! (*Elle baisse les yeux et ne répond pas*).

EMMA.

Allons, allons, je devine !

NORMONT.

Qu'est-ce que tout cela veut dire ?

M. DE VERPY.

Que ma nièce s'était promis de faire un mariage parfaitement
sage et raisonnable, et qu'il paraît que...

EMMA.

M. Arthur lui a prouvé qu'il était le plus sage de vous deux.

NORMONT.

Pas possible !

ARTHUR , *tendrement à Lady Nelmoor.*

Est-il vrai que mes torts soient pardonnés?

LADY NELMOOR , *lui tendant la main et se détournant timidement.*

Il paraît que celui qu'on aime a toujours raison.

NORMONT *pétrifié.*

Ah ça !... mais que suis-je donc venu faire ici ?

M. DE VERPY.

Vous avez guéri la foulure de monsieur.

NORMONT.

Permettez... il me semble. ..

M. DE VERPY.

Un homme sage comme vous êtes, prend son parti et ne se fâche point.

EMMA.

Voilà un mariage raisonnable comme il s'en fait beaucoup.

M. DE VERPY.

C'est qu'en fait d'amour une femme a beau en appeler à sa raison, c'est toujours son cœur qui décide... c'était déjà comme cela de mon temps.

FIN.

Imprimerie de Madame de Lacombe, faubourg Poissonnière, 1.

9 782329 665931